UN LUGAR PARA
LOS PÁJAROS

For Vicky Holifield, whose incredible
editorial vision first saw the potential
in my picture book manuscripts.
—M. S.

This is for Countess and Fred
Metcalf. Their love, care, and
kindness gave me wings.
—H. B.

Ω

Publicado por
PEACHTREE PUBLISHING COMPANY INC.
1700 Chattahoochee Avenue
Atlanta, Georgia 30318-2112
PeachtreeBooks.com

Texto © 2009, 2015 de Melissa Stewart
Ilustraciones © 2009, 2015 de Higgins Bond
Traducción al español © 2023 de Peachtree Publishing Company Inc.
Originally published in English as *A Place for Birds*

Traducción: Hercilia Mendizabal Frers
Diseño del libro: Loraine M. Joyner
Las ilustraciones fueron creadas con acrílicos sobre
cartón de ilustración prensado en frío.

Impreso en agosto de 2023 por Leo Paper, Heshan, China
10 9 8 7 6 5 4 3 2 1 (rústica)
ISBN: 978-1-68263-545-2

Los datos de catalogación y publicación se pueden
obtener de la Biblioteca del Congreso.

UN LUGAR PARA LOS PÁJAROS

Melissa Stewart

Ilustrado por
Higgins Bond

PEACHTREE
ATLANTA

Los pájaros llenan nuestro mundo de colores radiantes y dulces cantos. Pero, a veces, las personas hacen cosas que les dificultan vivir y crecer.

Si trabajamos juntos para ayudar a estas increíbles criaturas aladas, siempre habrá un lugar para los pájaros.

PLUMAS Y VUELO

Una de las características más excepcionales de los pájaros son sus plumas. Los ayudan a mantenerse abrigados y secos, a esconderse de sus enemigos y a atraer una pareja. Y la función más importante de las plumas es posibilitar el vuelo del pájaro. El aire fluye con facilidad sobre las plumas de las alas de los pájaros, y utilizan las plumas de la cola para girar, reducir su velocidad y mantener el equilibrio.

Garza morena (Ardea herodias) adulta con sus crías

Como cualquier ser vivo, los pájaros necesitan lugares seguros donde criar a sus polluelos. Muchos pájaros ponen sus huevos cerca del mar.

FRAILECILLO SILBADOR
Charadrius melodus

Los frailecillos silbadores ponen sus huevos en las playas. Como los huevos y las crías se disimulan entre el entorno arenoso, la gente que va a la playa a tomar el sol o a trotar puede pisarlos sin querer. A finales de los ochenta, la gente empezó a cercar algunas zonas de la playa durante los periodos en los que estos pequeños pájaros cuidan de sus crías. Para 2010, la población de frailecillos silbadores había empezado a recuperarse.

Cuando la gente coloca cercas y protege secciones de playa, los pájaros pueden vivir y crecer.

Algunos pájaros solamente pueden construir sus nidos en huecos pequeños.

Cuando la gente construye pajareras con la forma y el tamaño correctos, los pájaros pueden vivir y crecer.

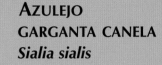

AZULEJO GARGANTA CANELA
Sialia sialis

Los azulejos garganta canela solían hacer sus nidos en el interior de árboles secos y postes podridos. Pero al pasar los años la gente taló los árboles secos en sus propiedades, y los granjeros reemplazaron los cercos de madera con cercos de metal. Por fortuna, los observadores de aves se dieron cuenta del problema. Comenzaron a construir pajareras para estos pájaros, y su esfuerzo dio frutos. Los azulejos garganta canela han resurgido con una increíble fuerza.

Muchos pájaros necesitan construir sus nidos en campos abiertos.

CHINGOLO SALTAMONTES
Ammodramus savannarum

Hace mucho tiempo gran parte de Nueva Inglaterra estaba ocupada por pequeñas granjas con prados, pero en las décadas más recientes la gente ha construido casas y centros comerciales en esas tierras. Los científicos de la Westover Air Reserve Base en Chicopee, Massachusetts, quisieron crear nuevas áreas en las que pudieran vivir los chingolos saltamontes y otros pájaros de las praderas. Apartaron unas 600 hectáreas en las que cortan el pasto solo una vez al año. Eso les da a los pájaros tiempo más que suficiente para poner sus huevos y criar a sus polluelos.

Cuando la gente crea nuevas praderas, los pájaros pueden vivir y crecer.

Incluso cuando los pájaros construyen sus nidos en lugares seguros, sus crías podrían no sobrevivir. Si los pájaros adultos se alimentan de comida llena de sustancias químicas venenosas, quizá no puedan poner huevos sanos.

Cuando la gente deja de utilizar estas sustancias peligrosas, los pájaros pueden vivir y crecer.

ÁGUILA CALVA
Haliaeetus leucocephalus

En la década de 1940, los granjeros empezaron a usar DDT para eliminar a los insectos que se comían sus cultivos. Parte del veneno fluía hasta los ríos y arroyos y se metía en el cuerpo de los peces. Cuando las águilas calvas se comían a los peces, los huevos que ponían tenían cáscaras débiles y sus polluelos morían. Para 1963, en Estados Unidos continental solo quedaban 400 parejas de águilas silvestres. Mucha gente trabajó duro para que se prohibiera el uso del DDT. En 1973, lo consiguieron. Hoy anidan más de 9000 parejas de águilas calvas en Estados Unidos continental.

Los pájaros adultos también se enfrentan a muchos peligros. A algunos pájaros se les dificulta sobrevivir cuando nuevos animales invaden las zonas en las que viven.

Cuando la gente evita que los animales ocupen nuevas áreas y colabora para deshacerse de invasores indeseados, los pájaros nativos pueden vivir y crecer.

AKOHEKOHE
Palmeria dolei

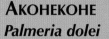

Los primeros pobladores de Hawái llevaron consigo animales de granja. Algunos de ellos se escaparon y se reprodujeron en grandes números. Al pasar el tiempo, las cabras se comieron muchas de las plantas del bosque pluvial y los cerdos salvajes arrancaron muchas plantas nativas al escarbar en la tierra para llegar a las raíces. Empezó a resultar difícil para los akohekohe encontrar suficiente néctar para comer. Pero la gente, preocupada, construyó cercos para que los cerdos y las cabras no pudieran entrar a las áreas donde viven los akohekohe.

ZORZAL ERMITAÑO
Catharus guttatus

y otoño. Las luces brillantes de las ciudades pueden confundir a estas aves migratorias y ocasionar que choquen con los edificios.

En otoño, millones de pájaros del hemisferio norte vuelan hacia el sur en busca de climas más cálidos y de más comida. Durante la primavera, regresan a sus hogares al norte para aparearse y criar a sus polluelos. Como el zorzal ermitaño usa las estrellas para orientarse, a menudo vuela hacia las luces de las ciudades y se estrella contra los edificios más altos. En 1995 los rascacielos de Chicago, Illinois, comenzaron a apagar o bajar sus luces durante la migración de pájaros. Esta política salva a más de 10 000 pájaros al año además de ahorrar energía.

Cuando los dueños de edificios apagan las luces en la noche durante la temporada de migración, los pájaros pueden vivir y crecer.

Las ventanas también pueden confundir a los pájaros migratorios.

COLIBRÍ CABEZA ROJA
Calypte anna

En los Estados Unidos mueren anualmente al menos 365 millones de pájaros tras estrellarse contra ventanas. Las aves migratorias, como el colibrí cabeza roja, son las que corren mayor peligro. Las ventanas confunden a los pájaros porque reflejan árboles o arbustos. Los pájaros también podrían estrellarse si pueden ver a través de una ventana hasta otra en la pared opuesta. Puedes ayudar a estos pájaros si colocas imágenes en tus ventanas o si usas cortinas o persianas.

Cuando la gente marca sus ventanas o cierra cortinas y persianas, los pájaros pueden vivir y crecer.

Los pájaros que se alimentan de semillas no necesitan migrar. Pero si recurren a comederos en los jardines de las casas, podrían ser atacados por un gato hambriento.

Cuando la gente no deja salir a sus gatos, los pájaros pueden vivir y crecer.

CARDENAL ROJO
Cardinalis cardinalis

Los gatos son cazadores. Sus instintos naturales les dicen que ataquen cualquier cosa que se mueva, y entre ellas se cuentan los cardenales y otros pájaros. Peter Marra, un científico del Smithsonian Conservation Biology Institute de Washington, D.C., estima que en los Estados Unidos los gatos matan hasta 3700 millones de pájaros al año. Mantener a los gatos en el interior de las casas puede salvar a los cardenales, a los carboneros (*Parus major*) y a muchos otros pájaros que visitan los comederos de los jardines.

Cuando se destruyen sus hogares naturales, a los pájaros les cuesta sobrevivir. Algunos pájaros solo pueden vivir en bosques espesos repletos de árboles enormes y viejos.

BÚHO MANCHADO
Strix occidentalis

A lo largo de los últimos 150 años se ha talado más del 80% de los bosques más antiguos del oeste de los Estados Unidos. Si la deforestación continúa, los bosques —y las criaturas que los habitan— pronto desaparecerán. En 2008 se demarcó una gran zona en Arizona, Utah, Colorado y Nuevo México para ayudar a proteger a un grupo de búhos manchados. Ahora los científicos esperan que estos pájaros puedan sobrevivir.

Cuando la gente protege la tierra y los árboles, los pájaros pueden vivir y crecer.

Otros pájaros solamente pueden sobrevivir en bosques abiertos con árboles jóvenes y pequeños.

Cuando la gente trabaja para restaurar estos lugares silvestres, los pájaros pueden vivir y crecer.

REINITA DE KIRTLAND
Setophaga kirtlandii

Las reinitas de Kirtland dependen del pino de Banks joven y de la hierba que crece debajo de estos árboles para alimentarse y hacer sus nidos. Hace mucho tiempo, los incendios forestales naturales quemaban la tierra con regularidad. Pero cuando la gente se asentó en la zona, comenzaron a apagar los incendios. Para 1987 las reinitas de Kirtland prácticamente se habían extinguido. Sin embargo, esfuerzos recientes para crear un nuevo hábitat para las reinitas de Kirtland están dando frutos. Este pequeño pájaro va en buen camino para recuperarse.

Chara floridana
Aphelocoma coerulescens

Es fácil despejar y construir sobre los matorrales secos y arenosos donde vive la chara floridana. También son ideales para el cultivo de naranjos y árboles de toronja. Por estas razones, las charas floridanas están perdiendo tierras habitables a un paso alarmante. Cuando los estudiantes de la Pelican Island Elementary School de Sebastian, Florida, se enteraron de que estos pájaros estaban en dificultades, enseguida pusieron manos a la obra. En cinco años lograron recaudar dinero suficiente para comprar ocho hectáreas de matorrales cerca de la escuela.

Muchos pájaros viven en tierras que son perfectas para construir casas y sembrar cultivos.

Cuando la gente protege estas zonas naturales,
los pájaros pueden vivir y crecer.

Cuando mueren demasiados pájaros, otras especies también podrían tener dificultades para sobrevivir.

LAS PLANTAS NECESITAN A LOS PÁJAROS

Muchos pájaros comen bayas y otros frutos. Las semillas que se encuentran dentro de la fruta quedan intactas al pasar por el cuerpo del pájaro. Cuando el pájaro produce excremento, las semillas caen al suelo. Si la tierra es rica y está húmeda, las semillas se convertirán en nuevas plantas. Muchas plantas dependen de que los pájaros transporten sus semillas a nuevos lugares.

Por eso es tan importante proteger a los pájaros y los lugares en los que habitan.

OTROS ANIMALES NECESITAN A LOS PÁJAROS

Los pájaros son una parte importante de la cadena alimenticia. Los huevos y los polluelos son una buena fuente de alimento para mapaches, serpientes, lagartijas, zorros, zorrillos, coyotes, visones, comadrejas y tortugas lagarto. Los pájaros adultos a menudo son el alimento de zorros, coyotes, comadrejas, tejones, visones y pájaros más grandes. Sin los pájaros, morirían de hambre muchas otras criaturas.

Los pájaros son parientes modernos de los dinosaurios. Han vivido en la Tierra durante más de 150 millones de años.

CÓMO AYUDAR A LOS PÁJAROS

- ❖ Asegúrate de que tu gato no salga de casa.
- ❖ Si tu casa o tu escuela tiene ventanas que podrían confundir a los pájaros, márcalas o usa cortinas o persianas.
- ❖ No rocíes sustancias químicas que podrían dañar a los pájaros.
- ❖ Únete a un grupo de observadores de aves de tu vecindario.
- ❖ Planta un jardín silvestre en tu casa o en tu vecindario.
- ❖ Pídele a un adulto que te compre *duck stamps* (sellos postales de pato). Considera ingresar a la competencia del Junior Duck Stamp.

La gente a veces hace cosas que pueden dañar a los pájaros.
Pero hay muchas maneras en las que tú puedes ayudar a que
estas bellas criaturas aladas vivan durante mucho tiempo más.

AYUDAR A LOS PÁJAROS AYUDA A TODOS

Los jardines silvestres pueden brindar a los pájaros todo lo que les hace falta para sobrevivir. Para empezar, necesitarás una fuente de agua y una gran variedad de plantas. Algunas plantas deberán brindar resguardo a los pájaros. Otras deberán producir bayas o semillas que los pájaros puedan comer. Los trabajadores de tu invernadero local pueden ayudarte a escoger plantas que crezcan bien en tu zona.

Además de disfrutar de la belleza de los pájaros y otras criaturas, probablemente notes que hay menos insectos molestos. Algunos pájaros pueden comer mil mosquitos en una sola tarde.

DATOS SOBRE LOS PÁJAROS

* Nadie sabe exactamente cuántos tipos de aves habitan el planeta Tierra. Hasta la fecha, los científicos han descubierto más de 10 000 especies diferentes.

* Todas las aves ponen huevos. Sus nidos tienen una amplia variedad de formas y tamaños.

* Muchos pájaros migran en la primavera y el otoño. El pequeño charrán ártico (*Sterna paradisaea*) viaja unos 35 400 kilómetros desde su hogar de verano hasta su hogar de invierno.

* Las aves no tienen dientes. Usan sus picos para agarrar y despedazar la comida.

* Los científicos creen que las aves se desarrollaron a partir de pequeños dinosaurios carnívoros.

BIBLIOGRAFÍA SELECTA (EN INGLÉS)

Attenborough, David. THE LIFE OF BIRDS. Princeton, NJ: Princeton University Press, 1998.

Milius, Susan. "Cats Claim Billions of Bird and Small Animal Victims Annually." SCIENCE NEWS, 23 de febrero de 2013, p. 14.

Milius, Susan. "Windows Are Major Bird Killers." SCIENCE NEWS, 22 de marzo de 2014, pp. 8–9.

Sibley, David Allen. THE SIBLEY GUIDE TO BIRD LIFE AND BEHAVIOR. Nueva York: Knopf, 2009.

Servicio Federal de Pesca y Vida Silvestre. 2011. "Abundance and Productivity Estimates–2010 Update: Atlantic Coast Piping Plover population." Sudbury, Massachusetts.

AGRADECIMIENTOS

La autora quiere agradecer a Doug y Jessica Stewart por las fotos de sus pajareras para azulejos y al gerente de Recursos Naturales, Drew Milroy, por permitirle recorrer la zona de reserva de la pradera en la Westover Air Reserve Base en Chicopee, Massachusetts. Phil Huber, biólogo de la vida silvestre de la Huron-Mainstee National Forest's Ranger Station de Mio, Michigan; Doug Stotz, ecólogo especialista en conservación del Field Museum de Chicago, Illinois, y Bonnie Swanson, exdirectora de la Pelican Elementary School de Sebastian, Florida, dedicaron tiempo de sus atareados calendarios para conversar sobre distintos proyectos de protección de las aves y conservación de sus hábitats.

RECOMENDACIONES PARA JÓVENES LECTORES (EN INGLÉS)

Alderfer, Jonathan. NATIONAL GEOGRAPHIC KIDS BIRD GUIDE OF NORTH AMERICA. Washington, D.C. National Geographic Society, 2013.

Aston, Dianna Hutts. AN EGG IS QUIET. San Francisco, CA: Chronicle Books, 2006.

Henkes, Kevin. BIRDS. Nueva York: Greenwillow, 2009.

Stewart, Melissa. FEATHERS: NOT JUST FOR FLYING. Watertown, MA: Charlesbridge, 2014.

Stockdale, Susan. BRING ON THE BIRDS. Atlanta, GA: Peachtree Publishers, 2011.